U0476551

鉴往知来系列图书

青年何以新

陈独秀《敬告青年》等品读

陈培永
编著

CNS | 湖南人民出版社·长沙

图书在版编目（CIP）数据

青年何以新：陈独秀《敬告青年》等品读 / 陈培永编著. --长沙：湖南人民出版社, 2024.10
ISBN 978-7-5561-3260-7

Ⅰ.①青… Ⅱ.①陈… Ⅲ.①陈独秀（1879—1942）—文集 Ⅳ.①D2-0

中国国家版本馆CIP数据核字（2023）第104497号

青年何以新：陈独秀《敬告青年》等品读

QINGNIAN HEYI XIN：CHEN DUXIU《JINGGAO QINGNIAN》DENG PINDU

编 著 者：陈培永
出版统筹：黎晓慧
产品经理：曾汇雯
责任编辑：陈 实 曾汇雯
责任校对：张命乔
装帧设计：萧睿子 陶迎紫

出版发行：湖南人民出版社［http://www.hnppp.com］
地 址：长沙市营盘东路3号 邮 编：410005 电 话：0731-82683346

印 刷：深圳市彩之美实业有限公司
版 次：2024年10月第1版 印 次：2024年10月第1次印刷
开 本：710 mm × 1000 mm 1/32 印 张：4
字 数：40千字
书 号：ISBN 978-7-5561-3260-7
定 价：36.00元

营销电话：0731-82683348（如发现印装质量问题请与出版社调换）

总　序

摆在读者面前的这套“鉴往知来”系列图书，力求使近代以来中国思想史上的经典学术作品重装呈现，让这些作品与我们的时代、我们的社会、我们的生活亲密接触。作为总序，我想写三句话给读者也给自己以交代。

所选确为佳作。这套书首先是经典作品推介，担负着为今天的读者荐文鉴书的重任。它选取的是中国近现代思想史上的名家名作，这些作品有可能众所周知，有可能被偶尔提及，有可能很多人只知其一，有可能想看却无从查阅。我们要做经典作品整理的工作，用系列图书的方式将它们整合起来。入选的作品，得是值得典藏的、可读性强的或者是影响历史走向的名作，是有特定时代标记但又超越那个时代在今天依然值得阅读的力作，是短小精湛、以小博大而非大部头的佳作。

所写皆要可读。在每部作品前面，附上一万字左右的品读文字，什么样的解读才配得上即将出场的作品？这个问题我想了很久，总体的考量是：围绕一个主题、一个框架展开；对原文重要段落、核心观点进行深度解读；写我们这个时代的事，拉近历史、思想与现实的距离；文风真诚简约，不写大话空论，避免过度诗情画意。我希望的是，立足当下，以往为鉴，写给未来，借由短段、金句、精读、感悟，以清新之文风写时代之话语，写出围绕经典又能脱离经典可以独立阅读的作品，如果能打造出写经典的经典，就再好不过了。

所期能够长久。这套书应该有多少本？这个事情能否成为事业？还没有答案。我是有私心的，想通过做这套书，逼着自己去阅读尽可能多的名家作品，在与它们的对话中进一步夯实自己的学术地基。因此，这套书是为了学术理想而做，是为了让自己的学问能够持续下去而写。以学术为志业，都应该有学术理想，只不过学术理想不是想有就能有的，往往是在坚持不懈的学术创作中渐渐生成、逐步实现的。我希望通过出版社和自己以及团队的努力，让这套书持续做下去，在自己的书柜上占据越来越大的地方。

盼望有越来越多的读者愿意选择这套书来读，将它们摆在案头、放在床边、带在出差的飞机或火车上、翻阅在舒服的沙发里……这才是这套书持续做下去的不竭动力。

文字虽少，写我衷心。是为序。

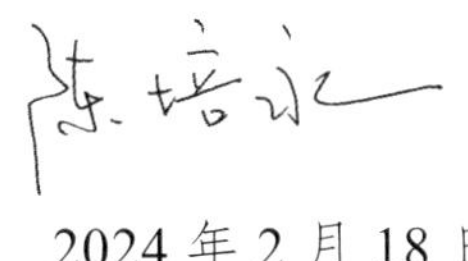

2024 年 2 月 18 日

目录

品读

02

原文

（陈独秀）

《青年杂志》封面

《新青年》封面

敬告青年

陳獨秀

竊以少年老成。中國稱人之語也。年長而勿衰。(Keep young while growing old.)英美人相勗之辭也。此亦東西民族涉想不同現象趨異之一端歟。青年如初春。如朝日。如百卉之萌動。如利刃之新發於硎。人生最可寶貴之時期也。青年之於社會。猶新鮮活潑細胞之在人身。新陳代謝。陳腐朽敗者無時不在天然淘汰之途。與新鮮活潑者以空間之位置及時間之生命。人身遵新陳代謝之道則健康。陳腐朽敗之充塞細胞人身則人身死。社會遵新陳代謝之道則隆盛。陳腐朽敗之分子充塞社會則社會亡。

準斯以談。吾國之社會。其隆盛耶。抑將亡耶。非予之所忍言者。彼陳腐朽敗之分子。一聽其天然之淘汰。雅不願以如流之歲月。與之說短道長。希冀其脫胎換骨也。予所欲涕泣陳詞者。惟屬望於新鮮活潑之青年。有以自覺而奮鬥耳。自覺者何。自覺其新鮮活潑之價值與責任。而自視不可卑也。奮鬥者何。奮其智能。力排陳腐朽敗者以去。視之若仇敵。若洪水猛獸。而不可與為鄰。而不為其菌毒所傳染也。嗚呼吾國之青年。其果能語於此乎。吾見夫青年其年齡。而老年其身體者十之五焉。青年其年齡或身體。而老年其腦神經者十之九焉。華其髮。澤其容。直其腰。廣其膈。非不儼然青年也。及叩其頭腦中所涉想。所懷抱。無一不與彼陳腐朽敗者為一丘之貉。其始也未嘗不新鮮活潑。寖假而為陳腐朽敗分子所同化者有之。寖假而畏陳腐朽敗分子勢力之龐大。瞻顧依回。不敢明目張膽。作頑狠之抗鬥者有之。充塞社會之空氣。無往而非陳腐朽敗焉。求些少之新鮮活潑者。以慰吾人窒息之絕望。亦杳不可得。循斯現象。於

《敬告青年》影印

新青年

陳獨秀

青年何爲而云新青年乎。以別夫舊青年也。同一青年也。而新舊之別安在。自年齡言之。新舊青年固無以異。然生理上心理上。新青年與舊青年。固有絕對之鴻溝。是不可不指陳其大別。以促吾青年之警覺。愼勿以年齡在青年時代。遂妄自以爲取得青年之資格也。

自生理言之。白面書生。爲吾國青年稱美之名詞。民族衰微。卽坐此病。美其貌。弱其質。全國青年。悉秉蒲柳之資。絕無桓武之態。艱難辛苦。力不能堪。青年墮落。壯無能爲。此非吾國今日之現象乎。且青年體弱。又不識衛生。疾病死亡之率。日以加增。淺化之民。勢所必至。倘有精確之統計。示以年表。其必驚心怵目也無疑。世界各國青年死亡之病因。德國以結核性爲最多。然據一九一二年之統計。較三十年前減少半數。英國以呼吸器病爲最多。據今統計。較之十餘年前。減少四分之一。日本青年之死亡。以腦神經系之疾爲最多。而最近調查。較十年前減少六分之一。德之立教。體育殊重。民力大張。數十年來。青年死亡率之銳減。列國無與比倫。英美日本之青年。亦皆以强武有力相高。競舟角力之會。野球遠足之游。幾無虛日。其重視也。不在讀書授業之下。故其青年之壯健活潑。國民之進取有爲。良有以也。而我之青年則何如乎。甚者縱慾自戕。以促其天年。否亦不過斯斯文文一白面書生耳。年齡雖在青年時代。而身體之强度。已達頭童齒豁之期。盈千累萬之青年中。求得一面紅體壯。若歐美青年之威武陵人者。竟若鳳毛麟角。人字吾爲東方病夫國。而吾人之少年青年。幾無一不在病夫之列。如此民族。將何以圖存。吾可愛

《新青年》影印

鉴往知来系列图书

青年何以新

陈独秀与“新青年”是分不开的，他创办了《新青年》（原为《青年杂志》），写了多篇关于新青年的文章，对中国的青年寄予殷切期望。可以说，他思考的一个根本问题就是旧中国如何靠新青年自觉奋斗杀出一条血路迎来新的时代的问题。

在今天阅读陈独秀，不能不去阅读他关于“青年何以新”的主张。这些观点体现在他的代表作《敬告青年》（1915 年）一文中，也体现在《新青年》（1916 年）、《人生真义》（1918

年）、《马克思的两大精神》（1922年）等文章中，这些文章回答了为何青年、何谓青年、什么样的青年才算新青年、青年如何把握人生真义、青年应该传承什么样的精神等问题。

带着这些问题，我们可以与当时的陈独秀对话，来探讨“青年何以新”的话题。

一、为何青年，青年何为？

“青年”本身不是一个理论问题，但一旦追问为何青年、青年何为，再进一步思考旧青年与新青年的区别时，就成了一个理论问题。当我们阅读陈独秀的文章时，我们会发现关于青年问题的探讨是一门真学问，青年问题不仅是一个理论问题，而且还是一个实践问题。

为何青年？为何要重视青年、青年为什么重要？作为《青年杂志》的创刊词，《敬告青年》一开始就对这个问题作了回答，而且是诗意的回答，极有文采的回答——“青年如初春，如朝日，如百卉之萌动，如利刃之新发于硎，人生最可宝贵之时期也”。

“初春”，是春季的开端，我们说“一年之计在于春”，初春无疑是关键阶段的关键时刻；“朝日”，是清晨刚刚升起的太阳，这个比喻很容易让我们想起毛泽东说的话，“你们青年人朝气蓬勃，正在兴旺时期，好像早晨八九点钟的太阳”；“百卉之萌动”，意指百花即将萌发出来的时候，接下来就是“野蛮”生长、枝繁叶茂的阶段；“利刃之新发于硎”，出自《庄子·养生主》，讲庖丁之刀“十九年矣，所解数千牛矣，而刀刃若新发于硎”，指刀刃刚在磨刀石上磨过，非常锋利。

春天之初、太阳刚升、百花萌发、利刃新磨，陈独秀分别从四个角度，强调了人之青年时期的特质，寓意着青年代表生机、活力、力量和未来。对于我们每个人来说，青年确实是人生最宝贵的时期，把握好这个时期，才能成长成才，成就一番事业。

当然，如果只从青年时期对个人的重要性来看，就不能达到陈独秀看待青年问题的高度。他重点要强调的是，青年对于人类社会历史进程，对于一个国家、一个社会的未来的重要性，一言以蔽之，“青年之于社会，犹新鲜活泼细胞之在人身”。与“新鲜活泼”相对应的则是“陈腐朽败”，“人身遵新陈代谢之道则健康，陈腐朽败之细胞充塞人身则人身死；社会遵新陈代谢之道则隆盛，陈腐朽败之分子充塞社会则社会亡”。正如一个人身上有更多新鲜活泼之细胞、更少陈腐朽败之细胞就健康一样，一个社会拥有更多有活泼细胞的青年就会繁荣兴盛。

从世间万物新陈代谢的基本规律来看，新鲜活泼的细胞必将淘汰陈腐朽败的细胞。陈独秀之所以重视青年，就是因为青年是促进社会新陈代谢、实现社会进步的重要力量，他希望能够通过新鲜活泼之青年的自觉与奋斗来救国，为此，他对自觉者与奋斗者做了界定：自觉者，就是要确认自己新鲜活泼之价值，不小看自己而承担责任；奋斗者，就是要以其智力和才能（也应包括体能）与社会上的陈腐朽败之人进行斗争，与自己身上可能会出现的陈腐朽败进行斗争。他相信：

敏于自觉勇于奋斗之青年，发挥人间固有之智能，抉择人间种种之思想——孰为新鲜活泼而适于今世之争存，孰为陈腐朽败而不容留置于脑里——利刃断铁，快刀理麻，决不作牵就依违之想，自度度人，社会庶几其有清宁之日也。

“利刃断铁，快刀理麻”，读起来就让人感觉到作者的独特精神气质，就能看到作者对青年自觉与奋斗所抱有的期望。他相信青年觉悟起来，勇敢奋斗，发挥智力和才能，用先进的思想来改造头脑，彻底驱逐脑中的陈腐观念，就能实现社会的清明与安宁。

中国共产党有重视青年的优良传统，关注青年、爱护青年、培养青年始终贯穿于中国共产党人的理论和实践中，这同陈独秀等早期领导人对青年的重视是分不开的。国家和民族的希望在青年，更好地给青年提供成长的环境，让更多的青年成长成才，成就一番事业，依然是当今时代的历史任务。而从我们每个人自身出发，如何把握好青年的宝贵时期，为长远发展夯实基础，应该作为内心思考的重要问题。如果我们认为自己已过了青年时期，已经无法再重新规划，我们还可以让自己保留青春的热血和激情，继续走好脚下的路。

二、何谓青年：年龄的、生理的和心理的

什么是青年？什么是新青年？1916年，《青年杂志》改名为《新青年》，陈独秀发表了一篇

和杂志同名的文章——《新青年》。他在开篇便抛出问题："青年何为而云新青年乎？以别夫旧青年也。同一青年也，而新旧之别安在？"什么样的青年才是新青年，新青年与旧青年、真青年与伪青年之间的差别是什么？陈独秀给出的答案是：

自年龄言之，新旧青年固无以异；然生理上，心理上，新青年与旧青年，固有绝对之鸿沟，是不可不指陈其大别，以促吾青年之警觉。慎勿以年龄在青年时代，遂妄自以为取得青年之资格也。

从这段话看，陈独秀是从三个方面对青年作出评判的：一个是年龄，一个是生理，一个是心理。新青年与旧青年的区别，主要体现在后两个方面。

从年龄上看，青年是指人生的某段时期，青年也可以说是处于特定年龄段的人。不过，多少岁算青年，直到现在都没有统一的标准，在国际社会没有普遍认可的界定。联合国大会将青年定义为年龄介于 15 至 24 岁之间的人。中共中央、国务院印发的《中长期青年发展规划（2016—2025 年）》明确指出，本规划所指的青年的年龄范围是 14—35 周岁。《中国共产主义青年团章程》规定共青团员的年龄范围是 14—28 岁。在学术等领域，我们又会将 45 岁以下的学者都称为青年学者，也有面向青年人才的奖励评选活动限定年龄在 40 岁以下。

在年龄上，新青年也好、旧青年也好，并无差别，而在生理上和心理上，两者就有了绝对差别。新青年，首先体现在生理上新，不能认为一个人年轻就是真青年、新青年，不要因为在年龄上处于青年时期就自认为是青年了，在一个人身上可能会出现的问题是“青年其年龄，而老年其身体”，年龄还在青年时期，身体已经进入了老年。

新青年应该拥有强健的身体、旺盛的精力、青春的朝气，“斯斯文文一白面书生”不能算是新青年，按这个标准，整天有气无力、精神不振、两眼迷离不能算是新青年。

之所以强调这一点，是因为陈独秀看到当时中国青年的体质与德、英、美等国青年体质的差距，他看到这些国家重视体育教育，以身体强健为美，赞扬“年长而勿衰”，即使年龄增长也要保持活力，不要在年龄增长中逐渐丧失精气神。

基于此，陈独秀反对中国文化中对“白面书生”的认可：

自生理言之，白面书生，为吾国青年称美之名词。民族衰微，即坐此病。美其貌，弱其质，全国青年，悉秉蒲柳之资，绝无恒武之态。艰难辛苦，力不能堪。青年堕落，壮无能为。

陈独秀无疑是从中华民族长远发展出发，强调国民尤其是青年人的身体素质的，当我们想起国人曾被诬蔑为“东亚病夫”，就能意识到民众身体素质的重要性。当然，认定民族衰微的原因是文化上重视外貌、以白面书生为美，并认定是文化上不重视身体强健，才产生了中国人体质偏弱的问题，也是有些偏颇。

新青年之“新”，不能局限在生理上，还应体现在心理上，身体上要健壮活泼，心理上则应是进取有为。所思所想僵化陈旧，畏惧腐朽落后势力，不敢与之抗争，只会瞻前顾后、畏首畏尾，甚至同流合污、沆瀣一气，这样的人，即使年龄上是青年，身体上是青年，也不能称为新青年、真青年。

陈独秀因此也反对“少年老成”。在他看来，年纪轻轻却在处世方面老练的人朝气不足，是不像青年的青年人，这无疑是要表达，青年应该有青年的范儿，人在青少年时期就应该有敢想敢说敢干的精神，不能在青少年时就已经世俗圆滑，没有个性与血性。

我们要防止生理上是青年，心理上已经是中年、老年，要防止“青年其年龄或身体，而老年其脑神经者”，“华其发，泽其容，直其腰，广其膈，非不俨然青年也；及叩其头脑中所涉想所怀抱，无一不与彼陈腐朽败者为一丘之貉”。一个人可以年龄上是青年，生理上、心理上不再是青年，反过来说，一个人也可以年龄上不再是青年，但在生理上、心理上还保持青年状态。虽然年龄上的青年，是随着年龄而改变的，这是我们无法决定的。但生理上的青年可以通过锻炼来延长，心理上的青年可以通过保持精神状态来持续。

三、要达到什么样的要求才算新青年？

一个青年怎么才算新青年？需要如何做、具备哪些品质，才能保持自己是新青年？除了从生理和心理方面提出要求以外，陈独秀还在《敬告青年》一文中“谨陈六义”，对新青年提出了非常著名的六条标准，即自主的而非奴隶的、进步的而非保守的、进取的而非退隐的、世界的而非锁国的、实利的而非虚文的、科学的而非想象的。这六条明确指出了当时的中国需要什么样的青年，让当时的热血青年找到了努力的方向，知道了自己应该怎么做。在今天，我们不能只是跟着去重复这六句话，应该去分析其深意以及在当今时代的适用情况。

第一个关键词是“自主的”。这个“自主”应该如何理解？陈独秀所讲的自主显然来自于西方启蒙运动的价值观念，但他并没有使用“自由”一词，实际上赋予自主比自由更多的内涵。自主不仅包括自由和民主，还包括解放、人权、平等，包括反对专制、反对盲从等。从与其相对的“奴隶”这个词可以看出，自主更重要的对应词是解放，不仅指政治上的、经济上的解放，还指思想上的、人格上的解放。而解放针对的是中国的“奴隶道德”，包括提倡忠孝节义、轻刑薄赋、称颂功德、拜爵赐第、丰碑高墓等。

新青年应该是自觉追求自主并且能够实现自主的青年。陈独秀把自主作为首要标准，旨在呼吁青年以独立自主的人格屹立于世，从摆脱奴隶思维、依附观念、盲从跟风开始。他应该做到：

我有手足，自谋温饱；我有口舌，自陈好恶；我有心思，自崇所信；绝不认他人之越俎，亦不应主我而奴他人：盖自认为独立自主之人格以上，一切操行，一切权利，一切信仰，唯有听命各自固有之智能，断无盲从隶属他人之理。

值得注意的是，陈独秀所讲的自主，既指自己自主，又指给别人自主，不仅仅要求自己实现独立人格，而且还要求不奴役他人，不仅从个人的维度强调自由的权利，还强调保障他人自由的责任或义务。这一点弥足珍贵，这是从人与人关系的角度讲自主的，不是西方自由主义传统过度强调个人权利的套路，而是与中国文化注重人际关系密切相关。

第二个关键词是“进步的”。要追求进步，在陈独秀看来，源于宇宙的根本法则，源自人类社会的客观规律，“森罗万象，无日不在演进之途，万无保守现状之理”，“笃古不变之族，日就衰亡；日新求进之民，方兴未已；存亡之数，可以逆睹”。一个民族如果不求变化，就会逐渐衰败并最终灭亡，如果不断追求进步，则必然繁荣昌盛。

追求进步，就得反对保守。这里的“保守”，具体就是指僵化地延续旧社会所固有的伦理、法律、学术、礼俗，就是封建制度遗留的东西。尽管陈独秀看到了传统有优秀的东西、有好的一面，但他还是决绝地提出：“吾宁忍过去国粹之消亡，而不忍现在及将来之民族，不适世界之生存而归削<消>灭也。”原因很明确，民族、国家的生存是前提，是必须首先考量的，如果一直强调要保留传统而不作改进之图，就有可能会亡国灭种。

新青年是与时俱进、不懈追求进步的青年，跟不上时代变化而思想保守、观念固化的青年不是新青年。在那个时期，做一个追求进步的青年，必须摆脱封建保守的旧思想旧观念，在今天这个时代依然需要继续努力，要做一个思想进步的人，做一个守正创新的人。

第三个关键词是“进取的”。“进取”与“进步”从表面上看并没有太大差别，但从其对应的词中就能看出差别之所在，“进步的”对应的是“保守的”，“进取的”对应的则是“退隐的”。陈独秀用“进取的”反对“退隐主义”，在他看来，退隐做隐士，不能被看作高人之行，应该以恶意解之，不能将退隐之人看作洁身自好的名人雅士，而应该将其看作游荡懒惰的无能弱者。

新青年应该是积极入世而不是消极避世的青年。陈独秀强调的是，“人之生也，应战胜恶社会，而不可为恶社会所征服；应超出恶社会，进冒险苦斗之兵，而不可逃遁恶社会，作退避安闲之想”。针对今天来说就是，面对再艰难再辛苦的生活，只要有一丝力气，就不能退守图安稳，对自己的无所作为，不能美其名曰改变不了社会就改变不了自己，不能给自己的不积极进取一个冠冕堂皇的理由，不能看到困难就躺平、看到内卷就退出。社会不可能不存在竞争和压力，人生不可能事事顺意，我们可以一时退却，但终究要排万难而前行。

第四个关键词是“世界的”。“世界的”容易理解，是让国人要具有世界眼光、国际意识。陈独秀客观地描述了全球化的进程，警示国人，“古之所谓绝国，今视之若在户庭”，古代根本无法到达的国家，在今天好像就是庭院之内，就像隔壁的邻居。他借此反思了闭关锁国给中国带来的问题，提醒人们认清世界各国之间存在紧密的关联，一国的兴废存亡，国家内政的影响占一半，其他国家的影响占一半。在这种形势下，一个国家、一个民族必须顺应世界潮流才能加速发展，一个国家的国民必须有“世界智识”，才能让其国图存于世界之中。

新青年是有世界之智识、具有世界眼光的青年，不具有世界眼光、头脑中有锁国思维的青年就不是新青年。新青年要防止中国陷入危急存亡的境地，就要关心国际局势，主动融入世界潮流、学习各国文明先进之处，跟上世界变革的步伐，不能自我陶醉、盲目自大。

第五个关键词是“实利的”。实利的，不太好听，很容易被等同为功利，重实利很容易被认为只看钱看利益而不讲理想、道德等精神价值。“实利”应该怎么来理解？陈独秀为什么要强调？

在文中，他说到的“实利”强调的是实际、是务实，甚至就是实用，是要关注人们的现实生活，关注实实在在的民众幸福；“虚文”是指不切实际的浮夸的文风，远离人们现实生活、过度理想化的空谈，甚至是用祭祀天神来救洪涝旱灾、用诵读《孝经》来退黄巾军的愚昧、荒谬做法。他推崇实利而反对虚文，是有很强的现实针对性的，反对的是重视做华丽文章、高谈阔论而对于民众物质生活并不关心的风气。

如何做到注重实利？陈独秀用了两个词，一个是“揭橥生活”，强调以揭示现实生活为立言之的；一个是“厚生利用”或“利用厚生”，即追求物尽其用，使民富足。新青年应该是所思所言皆注重现实生活、以满足民众福祉为目标的青年，高谈阔论、不求实效的青年不是新青年。

追求实利、反对虚文，有强调空谈误国、实干兴邦的意蕴在其中。但为了突出实利的重要性，陈独秀确实过度强调了“实用”，甚至以是否实用为标准将“金玉圭璋”看作“布粟粪土”，他写道：

物之不切于实用者，虽金玉圭璋，不布粟粪土？若事之无利于个人或社会现实生活者，皆虚文也，诳人之事也。诳人之事，虽祖宗之所遗留，圣贤之所垂教，政府之所提倡，社会之所崇尚，皆一文不值也！

第六个关键词是“科学的”。“科学的而非想象的”，在今天容易引起争议的是，为什么要把科学的与想象的对立起来？生活的常识是，我们需要科学，也需要想象。实际上，陈独秀对科学与想象都有明确的界定，科学是“对于事物之概念，综合客观之现象，诉之主观之理性而不矛盾之谓”，想象是“既超脱客观之现象，复抛弃主观之理性，凭空构造，有假定而无实证，不可以人间已有之智灵，明其理由，道其法则者也”。可见，他所说的科学，主要是主观与客观的统一，是人的理性、概念与客观现象的统一；他所说的想象不是指我们所讲的想象，而是既不立足客观现象又抛弃主观理性、没有理由根据的凭空虚构。陈独秀发出了追求科学、投身科学的号召：

凡此无常识之思，惟无理由之信仰，欲根治之，厥维科学。夫以科学说明真理，事事求诸证实，较之想象武断之所为，其步度诚缓；然其步步皆踏实地，不若幻想突飞者之终无寸进也。宇宙间之事理无穷，科学领土内之膏腴待辟者，正自广阔。

新青年是追求科学和理性、反对蒙昧和迷信的青年，喜欢幻想、不讲常识、抱持无理性的信仰的青年不叫新青年。可以说，陈独秀将科学注入到中国的文化之中，注入到中国人的世界观、人生观之中，他所认可的新青年要坚持用科学来说明和阐释真理，追求事事求证科学，断除自以为是的想象，脚踏实地向科学进军，探索世界奥秘和宇宙真理。缺什么补什么，如此强调科学确实与当时中国的文化状况有关，但在今天看来，这样很容易陷入唯科学主义的窠臼中，忽视或弱化哲学社会科学的价值，否定人们的感性、想象、灵感、顿悟的作用。

这六条当然不能理解为仅仅是写给当时的青年的，仅仅是对新青年提出的要求，而是对当时陷入困境的中国针砭时弊、对中国未来出路的呼吁甚至呐喊。以今天的眼光看，这六条不是尽善尽美的，一些方面是可以拿出来探讨的。比如所采用的“是什么的而非什么的”这种句式，很容易导致对“非什么”的一方面的完全否定；比如为什么是这六条而不是其他六条、为什么不能是七条，为什么不能加上“强壮的而非虚弱的”；比如在中西文化的对比中，字里行间有西方为何行而中国为什么不行的倾向，从而导致过度推崇西方文化而有意无意地否定了中国传统文化的价值观；等等。

但瑕不掩瑜，这篇文章在发表后所产生的

影响，在中国近现代史上所发挥的作用，已经说明了一切。陈独秀所探讨的话题，也完全应当流传至今，我们也可以思考下：今天的中国需要什么样的青年？我们如何做才可以成为新时代的新青年？个体的与集体的、理性的和信仰的、理想的和现实的、民主的与法治的、独立的和包容的、健康的和坦然的……值得我们进一步求索。

四、青年如何把握人生归宿、人生幸福与人生真义？

青年何以新？还要把握人生归宿和人生真义。在《新青年》一文中，陈独秀探讨了这两个问题，在他看来，“青年之精神界欲求此除旧布新之大革命，第一当明人生归宿问题”。为什么要给青年人谈人生归宿的问题？因为一切未来的责任、毕生的光荣，都需要在人生的青年时期确立起目标，打下奋斗的基础。他的基本观点是，人生不过几十载，岁月不居、时不我待，要尽自己所能成为“相当之人物”，为此要“内图个性之发展，外图贡献于其群”，也就是对内要实现个性解放、成长发展，对外要服务他人、贡献社会。

“第二当明人生幸福问题。”陈独秀认为，人生来就是要追求幸福而躲避痛苦的，这当然是天然的法则，但必须树立正确的幸福观。他提出了相对比较系统的幸福观：

吾青年之于人生幸福问题，应有五种观念：一曰毕生幸福，悉于青年时代造其因；二曰幸福内容，以强健之身体正当之职业称实之名誉为最要，而发财不与焉；三曰不以个人幸福损害国家社会；四曰自身幸福，应以自力造之，不可依赖他人；五曰不以现在暂时之幸福，易将来永久之痛苦。信能识此五者，则幸福之追求，未尝非青年正当之信仰。

这段话的语言表达干净利落、简单明了，用没有犹豫且不用讨论的语气，表明他自认为已经完全把握人生幸福的要义，这也就将有一百个人就有一百种幸福观的问题做了化繁为简的回答。

第一条和第五条首尾呼应，讲的是暂时幸福与毕生幸福、永久痛苦的关系的问题。强调的是，一个人应该放眼毕生的幸福，不能在青年时代为了追求暂时的幸福而导致永久的痛苦，要实现毕生的而不是一时的幸福，就要在青年时期打好基础，别沉浸于一时之快，浪费青春时光，后半生悔之晚矣。第二条是强调幸福的最为重要的内容，回答的实际上是“什么是幸福、如何才能实现幸福”的问题，那就是要有强健的身体、正当的职业、与实际相符的名誉，这比在今天有人开玩笑地说幸福就是“钱多事少离家近”的标准高多了。第三条和第四条是要解决个人幸福与他人、与社会、与国家关系的问题。一方面不能在追求个人的幸福时，损害国家、社会，这个强调应该是用来防止精致的利己主义者或者说极端个人主义的。另一方面要靠自己而不能靠他人实现幸福。为什么不能靠他人？就像现代社会“啃老”“躺赢”能马上解决靠自己经过长期勤奋努力才能获得的东西，为什么不能靠？陈独秀没有给出说明，可以理解，靠他人实现的幸福有可能是靠不住的，而且自己追求幸福、辛勤努力的过程本身就是幸福的一部分。

在陈独秀看来，每个人都追求幸福，但一定要找到追求幸福的正当方式，能够做到这些方面，追求幸福就可以成为正当的信仰，而不能认识到这些方面，追求幸福就有可能不具有正当性。不管我们是否认同这五条，至少他给我们提供了启示，每个人确实需要思考人生幸福的问题，需要找到追求幸福的正当方式。

在探讨人生归宿、人生幸福的问题时，陈独秀重点谈了当官发财的例子。他反对仅以做官求荣为归宿，反对把财富作为人生幸福的主要内容。可以说，新旧青年的一个具体区别，就在于是不是以“做官发财”为志业。在陈独秀看来，发财并非坏事，做官也不是坏事，追求幸福更不是恶事，但如果把做官看作发财的捷径，通过政治分赃来发财，把做官、发财、幸福三件事合在一起，混为一谈，那就会带来种种恐怖罪恶，严重危害国家。认为做官发财就是幸福的人，是不知道什么是真正的幸福的。如果把做官发财作为人生的唯一目的，如果头脑中还存有此类龌龊思想，那么是不配称为新青年的，因为精神上下流龌龊，就和腐败堕落的旧青年无异了。如果自认为是新青年，必须斩尽头脑中想要做官发财的腐败堕落的思想，要有真实新鲜的思想和坚定崇高的信仰。

1918年2月，陈独秀在《新青年》上发表了名为《人生真义》的文章，该文开始就抛出“人生在世，究竟为的甚么？究竟应该怎样？”的根本性问题。这是一个哲学的问题，是一个抽象的问题，是每个人或早或晚都要思考的问题。经过对这个根本性问题的反思，人才会过上真正的人生，不然的话，就可能只是糊糊涂涂地过一生。

写这篇文章的时候，陈独秀39岁，一个即将进入不惑之年的人，思考人生真义的问题，并且评古论今写下文章，确实令人敬佩。在文中，陈独秀没有直接对这个问题作出回答，而是先批判了一些“人生假义”。他列举了宗教家（佛教和基督教）、哲学家（孔子、孟子、墨子、庄子、杨朱、尼采等）、科学家的观点，之后一一反驳。在批判这些观点后，他明确提出了自己的观点，我们有所删减地呈现如下：

一、人生在世，个人是生灭无常的，社会是真实存在的。二、社会的文明幸福，是个人造成的，也是个人应该享受的。三、社会是个人集成的，除去个人，便没有社会；所以个人的意志和快乐，是应该尊重的。四、社会是个人的总寿命，社会解散，个人死后便没有联续的记忆和知觉；所以社会的组织和秩序，是应该尊重的。五、执行意志，满足欲望，自食色以至道德的名誉，都是欲望。是个人生存的根本理由，始终不变的。……六、一切宗教、法律、道德、政治，不过是维持社会不得已的方法，非个人所以乐生的原意，可以随着时势变更的。七、人生幸福，是人生自身出力造成的，非是上帝所赐，也不是听其自然所能成就的。……八、个人之在社会，好像细胞之在人身；生灭无常，新陈代谢，本是理所当然，丝毫不足恐怖。九、要享幸福，莫怕痛苦。现在个人的痛苦，有时可以造成未来个人的幸福。……

陈独秀写下的九条“人生真义”，第五、七、九条主要是讲个人的，第一、六条主要是讲社会的，第二、三、四、八是讲个人与社会的关系的，可以说主要是围绕个人、社会以及个人与社会的关系展开的，潜台词是人生真义离不开如何看待个人、看待社会，如何看待个人与社会的关系，聚焦的是一个人如何在适应社会中获得人生的幸福并同时实现造福社会的问题。在文章的最后，陈独秀给出了明确的结论：

总而言之：人生在世，究竟为的甚么？究竟应该怎样？我敢说道：个人生存的时候，当努力造成幸福，享受幸福；并且留在社会上，后来的个人也能够享受。递相授受，以至无穷。

人生真义就在于，个人在世应努力创造幸福、享受幸福，并且造福社会、造福后人。陈独秀没有否定个人追求幸福的正当性，没有空谈改造社会与造福社会，他正确地处理了个人与社会的关系，寄希望于每个人在以正当的方式追求、享受幸福的过程中，改变现存的、不如人意的社会，推动人类社会进步。正是以这种方式，陈独秀在给青年人谈人生观的问题时，抛出了自己的社会观、历史观，把个人人生真义的问题变成了社会真义、历史真义的问题。

五、青年如何传承马克思的两大精神？

1922 年 5 月 5 日，中国社会主义青年团第一次全国代表大会召开，陈独秀在大会上发表了演讲，演讲稿后以《马克思的两大精神》为题发表在1922年5月23日的《广东群报》上。中国社会主义青年团几经更名，后逐渐明确为中国共产主义青年团。陈独秀的这篇文章也是讲给青年的，也同样对新青年提出了要求。也可以说，传承了马克思两大精神的青年，才称得上是新青年。

从题目可以看出，陈独秀的这篇文章不是要谈马克思的学说，而是要谈马克思的精神，谈马克思的学说和行为中的精神。对一个不是哲学家、思想家的人，想要把握其精神，透视其行为是必然之举。而对一个作为哲学家、思想家出现的人，除了从其行为中，也可以从其学说中把握其精神。

马克思的学说和马克思的精神是分不开的。精神是学说的灵魂，没有独特的精神气质，这套学说就没有标识性，就没有生命力。学说是精神的载体，透过学说本身，才能捕捉到精神实质。阅读马克思，研究马克思，显然得研究马克思的学说、马克思的观点。把握马克思的精神，也应该从其学说，从其基本观点、逻辑架构、行文表达中去挖掘。不研究马克思的学说，是否可以有马克思学说中的精神呢？

不能说一定不行。一个学者，没读过马克思的书，但可以不自觉地拥有马克思的书中内含的精神。反过来说，研究马克思的学说，是否就一定会有马克思学说中的精神呢？那也不一定。对马克思学说了如指掌的人，研究很透彻很全面的人，不一定就愿意或就能够传承马克思学说中的精神。研究马克思学说研究得很好的学者，反倒有可能一点都不具有马克思的精神。学习马克思，传承马克思的精神更重要。一味大讲特讲其学说，没有马克思的学说和行为的精神，不是真正地尊重马克思，不是真正的马克思主义者。

马克思的第一大精神是实际研究精神。在陈独秀看来，马克思的学说之所以是科学社会主义而不是空想社会主义，是因为其所采取的方法是科学归纳法，它收集了许多社会上的事实来证明其原理和学说。以马克思的实际研究精神做学问，就要研究社会上的各种情形，研究社会的政治及经济状况。他呼吁：

青年诸君须以马克思的实际研究精神来研究学问，不要单单以马克思的学说研究而已。如其单单研究其学说，那么马克思实际研究的精神完全失却，不过一个马克思主义的学者了。

实际研究精神，就是研究实际的精神，就是面向现实社会而不是只针对某些文本、某些学说、某些理论观点做学问的精神。学习马克思，跟着马克思做学问，要研究马克思的学说，但不能停留在马克思的文本上，不去面向现实社会。马克思的学说瞄准的对象是人类社会，其努力的方向是改变现实社会、推进人类历史的进程。这种学说的旨趣决定了其必须去研究现实的社会，去洞察重大历史事件，去捕捉人类社会发展的规律。

谈马克思的实际研究精神，在今天依然具有现实针对性。越强调学术、学科、学问的独立性，马克思主义理论、马克思主义哲学研究就越容易在回到文本、耕犁文本中自得其乐，就越容易只是把马克思的学说当作学术研究、客观分析的对象，实际上并没有以马克思的实际研究精神做学问。

传承马克思的实际研究精神，要掌握面向中国社会现实的马克思主义理论研究方法论，这应该是一种什么样的研究思路和学术进路呢？它不是就文本谈文本，就理论讲理论，应该是在中国现实社会中发现问题、分析问题，致力于从学理上、规律上分析问题，在这个环节寻求马克思的学说以及其他理论的帮助，获得看待问题、解决问题的正确方法，并在这个过程中推动马克思主义理论本身的发展。

马克思的第二大精神是实际活动精神。在陈独秀看来，马克思与其他社会主义者不同，因为他是革命的社会主义者。研究马克思的学说，与研究孔子、康德的学问不同，要将其学说应用到实际活动中，致力于社会革命、改造社会。因此他强调的是，“宁可以少研究点马克思的学说，不可不多干马克思革命的运动”，“须发挥马克思实际活动的精神，把马克思学说当做社会革命的原动力，不要把马克思学说当做老先生、大少爷、太太、小姐的消遣品”。

实际活动精神，就是不只在书斋里钻研学问，还要去行动的精神，其实也就是我们讲的将理论和实践相结合、以理论指导实践的精神。马克思的学说不是书斋里的学问，它众所周知的理论品格是实践，是致力于引领时代、改变世界。这种学说从创立时就不是“将世界哲学化”，就不只是为了给人类所生活的世界一种合理的解释，而是为了“让哲学世界化”，致力于在批判旧世界中建构新世界，推动人类社会历史进程。

传承马克思的实际活动精神，要求学习马

克思、研究马克思学说的我们，积极参与实践，在深入实际中、在调查研究中做到理论与实践、主观与客观的统一。当然，积极参与实际活动，不是要完全按照马克思讲的去做，用今天的现实来证明马克思是对的，认为与马克思的主张不一样，现实就有问题，就应该马上改变；而应该做到在实际活动中发展理论，以发展了的理论指导实践。

传承马克思的实际活动精神，要坚持问题导向和批判思维，但实际活动精神不能沦为阻碍实际的行动。问题导向和批判思维是服务于社会进步的，批判容易建设难，解构容易建构难，引领时代的人，需要把这种批判精神转化为推动时代进步的动力，应该从一个理性的批判者，升华为乐观看待社会的自信人，升华为积极推动社会进步的建设者。

马克思所从事的革命，是顺应人类社会发展趋势、推动人类社会进步的历史活动，其本意是要实现社会的根本变革。近代以来的中国革命，从整体上理解就是实现中国社会的全方位变革，把中国从一个传统的国家变为现代的国家；新时代传承马克思的实际活动精神，要求我们以预见性的视野、建设性的行动助推社会主义现代化强国的全面建成、中华民族伟大复兴的实现。

敬告青年

鉴往知来系列图书

窃以少年老成，中国称人之语也；年长而勿衰（Keep young while growing old），英美人相勖之辞也：此亦东西民族涉想不同现象趋异之一端欤？青年如初春，如朝日，如百卉之萌动，如利刃之新发于硎，人生最可宝贵之时期也。青年之于社会，犹新鲜活泼细胞之在人身。新陈代谢，陈腐朽败者无时不在天然淘汰之途，与新鲜活泼者以空间之位置及时间之生命。人身遵新陈代谢之道则健康，陈腐朽败之细胞充塞人身则人身死；社会遵新陈代谢之道则隆盛，陈腐朽败之分子充塞社会则社会亡。

准斯以谈，吾国之社会，其隆盛耶？抑将亡耶？非予之所忍言者。彼陈腐朽败之分子，一听其天然之淘汰，惟不愿以如流之岁月，与之说短道长，希冀其脱胎换骨也。予所欲涕泣陈词者，惟属望于新鲜活泼之青年，有以自觉而奋斗耳！

自觉者何？自觉其新鲜活泼之价值与责任，而自视不可卑也。奋斗者何？奋其智能，力排陈腐朽败者以去，视之若仇敌，若洪水猛兽，而不可与为邻，而不为其菌毒所传染也。

呜呼！吾国之青年，其果能语于此乎？吾见夫青年其年龄，而老年其身体者十之五焉；青年其年龄或身体，而老年其脑神经者十之九焉。华其发，泽其容，直其腰，广其膈，非不俨然青年也；及叩其头脑中所涉想所怀抱，无一不与彼陈腐朽败者为一丘之貉。其始也未常不新鲜活泼，寖假而为陈腐朽败分子所同化者有之；寖假而畏陈腐朽败分子势力之庞大，瞻顾依回，不敢明目张胆，作顽狠之抗斗者有之。充塞社会之空气，无往而非陈腐朽败焉，求些少之新鲜活泼者，以慰吾人窒息之绝望，亦杳不可得。

循斯现象，于人身则必死，于社会则必亡。欲救此病，非太息咨嗟之所能济，是在一二敏于自觉勇于奋斗之青年，发挥人间固有之智能，抉择人间种种之思想——孰为新鲜活泼而适于今世之争存，孰为陈腐朽败而不容留置于脑里——利刃断铁，快刀理麻，决不作牵就依违之想，自度度人，社会庶几其有清宁之日也。青年乎！其有以此自任者乎？若夫明其是非，以供抉择，谨陈六义，幸平心察之：

（一）自主的而非奴隶的

等一人也，各有自主之权，绝无奴隶他人之权利，亦绝无以奴自处之义务。奴隶云者，古之昏弱对于强暴之横夺，而失其自由权利者之称也。自人权平等之说兴，奴隶之名，非血气所忍受。世称近世欧洲历史为“解放历史”：破坏君权，求政治之解放也；否认教权，求宗教之解放也；均产说兴，求经济之解放也；女子参政运动，求男 < 女 > 权之解放也。

解放云者，脱离夫奴隶之羁绊，以完其自主自由之人格之谓也。我有手足，自谋温饱；我有口舌，自陈好恶；我有心思，自崇所信；绝不认他人之越俎，亦不应主我而奴他人：盖自认为独立自主之人格以上，一切操行，一切权利，一切信仰，唯有听命各自固有之智能，断无盲从隶属他人之理。非然者，忠孝节义，奴隶之道德也；德国大哲尼采（Nietzsche）[①]别道德为二类：有独立心而勇敢者曰贵族道德（Morality of Noble），谦逊而服从者曰奴隶道德（Morality of Slave）。轻刑薄赋，奴隶之幸福也；称颂功德，奴隶之文章也；拜爵赐第，奴隶之光荣也；丰碑高墓，奴隶之纪念物也。以其是非荣辱，听命他人，不以自身为本位，则个人独立平等之人格，消灭无存，其一切善恶行为，势不能诉之自身意志而课以功过；谓之奴隶，谁曰不宜？立德立功，首当辨此。

① 尼采（1844—1900）：德国哲学家，唯意志论和生命哲学主要代表之一。否定传统的哲学、宗教、伦理道德观念，提出“重新估定一切价值”，认为自然界与社会中的决定力量是意志，历史的进程就是权力意志实现其自身的过程，人生的目的在于“发挥权力”“扩张自我”。

（二）进步的而非保守的

人生如逆水行舟，不进则退，中国之恒言也。自宇宙之根本大法言之，森罗万象，无日不在演进之途，万无保守现状之理；特以俗见拘牵，谓有二境，此法兰西当代大哲柏格森（H. Bergson）[①]之创造进化论（L'Evolution Creatrice）所以风靡一世也。以人事之进化言之：笃古不变之族，日就衰亡；日新求进之民，方兴未已；存亡之数，可以

① 柏格森（1859—1941）：法国哲学家，生命哲学与直觉主义主要代表之一，创造进化论的提出者。创用“生命冲动”和“绵延”两词来解释生命现象。认为生命冲动就是绵延，亦即“真正的时间”，它是唯一的实在，只能靠直觉来把握。直觉即创造，直觉的境界就是与上帝合而为一的境界。将社会分为“封闭社会”与“开放社会”两种，前者遵守已有的道德规范与宗教教条，后者则可以发挥生命冲动，创造新道德与宗教原则。在文艺上，主张作家应跟着人物的“意识流”来刻画人物，对“意识流小说”的形成和意识流技巧的采用起了发轫作用。主要著作有《论意识的直接材料》（英译本改名为《时间与自由意志》）、《物质与记忆》等。获 1927 年诺贝尔文学奖。

逆睹。矧在吾国，大梦未觉，故步自封，精之政教文章，粗之布帛水火，无一不相形丑拙，而可与当世争衡？

举凡残民害理之妖言，率能征之故训，而不可谓诬，谬种流传，岂自今始！固有之伦理，法律，学术，礼俗，无一非封建制度之遗，持较晰种之所为，以并世之人，而思想差迟，几及千载；尊重廿四朝之历史性，而不作改进之图；则驱吾民于二十世纪之世界以外，纳之奴隶牛马黑暗沟中而已，复何说哉！于此而言保守，诚不知为何项制度文物，可以适用生存于今世。吾宁忍过去国粹之消亡，而不忍现在及将来之民族，不适世界之生存而归削<消>灭也。

呜呼！巴比伦人往矣，其文明尚有何等之效用耶？“皮之不存，毛将焉傅？”世界进化，骎骎未有已焉。其不能善变而与之俱进者，将见其不适环境之争存，而退归天然淘汰已耳，保守云乎哉！

（三）进取的而非退隐的

当此恶流奔进之时，得一二自好之士，洁身引退，岂非希世懿德；然欲以化民成俗，请于百尺竿头，再进一步。夫生存竞争，势所不免，一息尚存，即无守退安隐之余地。排万难而前行，乃人生之天职。以善意解之，退隐为高人出世之行；以恶意解之，退隐为弱者不适竞争之现象。欧俗以横厉无前为上德，亚洲以闲逸恬淡为美风：东西民族强弱之原因，斯其一矣。此退隐主义之根本缺点也。

若夫吾国之俗，习为委靡：苟取利禄者，不在论列之数；自好之士，希声隐沦，食粟衣帛，无益于世，世以雅人名士目之，实与游惰无择也。人心秽浊，不以此辈而有所补救，而国民抗往之风，植产之习，于焉以斩。人之生也，应战胜恶社会，而不可为恶社会所征服；应超出恶社会，进冒险苦斗之兵，而不可逃遁恶社会，作退避安闲之想。呜呼！欧罗巴铁骑，入汝室矣；将高卧白云何处也？吾愿青年之为孔墨，而不愿其为巢由；吾愿青年之为托尔斯泰与达噶尔（R. Tagore，印度隐遁诗人）[1]，不若其为哥伦布与安重根！

① 达噶尔（1861—1941）：今译泰戈尔，印度作家、诗人、社会活动家。对英国殖民统治下的下层人民的悲惨生活和妇女的痛苦处境表示同情，谴责封建主义和种姓制度，描写帝国主义者和官僚的专横，同时也反映资产阶级民主思想与正统的印度教的抵触。诗歌格调清新，具有民族风格，但带有神秘色彩和感伤情调。还擅长作曲和绘画。其创作对印度文学的发展影响很大。获 1913 年诺贝尔文学奖。主要著作有《新月集》《园丁集》《飞鸟集》。

（四）世界的而非锁国的

并吾国而存立于大地者，大小凡四十余国，强半与吾有通商往来之谊。加之海陆交通，朝夕千里。古之所谓绝国，今视之若在户庭。举凡一国之经济政治状态有所变更，其影响率被于世界，不啻牵一发而动全身也。立国于今之世，其兴废存亡，视其国之内政者半，影响于国外者恒亦半焉。以吾国近事证之：日本勃兴，以促吾革命维新之局；欧洲战起，日本乃有对我之要求。此非其彰彰者耶？投一国于世界潮流之中，笃旧者固速其危亡，善变者反因以竞进。

吾国自通海以来，自悲观者言之，失地偿金，国力索矣；自乐观者言之，倘无甲午庚子两次之福音，至今犹在八股垂发时代。居今日而言锁国闭关之策，匪独力所不能，亦且势所不利。万邦并立，动辄相关，无论其国若何富强，亦不能漠视外情，自为风气。各国之制度文物，形式虽不必尽同，但不思驱其国于危亡者，其遵循共同原则之精神，渐趋一致，潮流所及，莫之能违。于此而执特别历史国情之说，以冀抗此潮流，是犹有锁国之精神，而无世界之智识。国民而无世界智识，其国将何以图存于世界之中？语云："闭户造车，出门未必合辙。"今之造车者，不但闭户，且欲以周礼考工之制，行之欧美康庄，其患将不止不合辙已也！

（五）实利的而非虚文的

自约翰弥尔（J. S. Mill）[①]“实利主义”唱道于英，孔特（Comte）[②]之“实证哲学”唱道于法，欧洲社会之制度，人心之思想为之一变。最近德意志科学大兴，物质文明，造乎其极，制度人心，为之再变。举凡政治之所营，教育之所期，文学技术之所风尚，万马奔驰，无不齐集于厚生利用之一

① 约翰弥尔（1806—1873）：今译约翰·穆勒，英国哲学家、经济学家、逻辑学家。在道德和政治观点上是功利主义者，于1822—1833年组织“功利主义学会”提出“功利主义”一词。著有《论自由》《功利主义》《政治经济学原理》等。

② 孔特（1798—1857）：今译奥古斯特·孔德，法国哲学家。最早提出实证主义学说，并自称发现了“一条伟大的根本规律”——人类心智发展规律。1838年创用“社会学”一词，并对社会学作了系统化的尝试，因而被认为是社会学的创始人。把社会学划分为社会静力学和社会动力学，并以进步和秩序作为两个基本概念。在伦理学上，最早提出“利他主义”一词，认为利他必须以利己为基础。晚年醉心于创立人道教。主要著作有《实证哲学教程》《实证政治体系》《实证宗教教义问答》等。

途。一切虚文空想之无裨于现实生活者，吐弃殆尽。当代大哲，若德意志之倭根（R. Eucken）[①]，若法兰西之柏格森，虽不以现时物质文明为美备，咸揭櫫生活（英文曰Life，德文曰Leben，法文曰La vie）问题，为立言之的。生活神圣，正以此次战争，血染其鲜明之旗帜。欧人空想虚文之梦，势将觉悟无遗。

夫利用厚生，崇实际而薄虚玄，本吾国初民之俗；而今日之社会制度，人心思想，悉自周汉两代而来——周礼崇尚虚文，汉则罢黜百家而尊儒重道。——名教之所昭垂，人心之所祈向，

---

① 倭根（1846—1926）：今译倭铿，亦译奥伊肯，德国哲学家。格丁根大学文学博士。历任巴塞尔大学、耶拿大学教授。倡导精神生活哲学。主要著作有《精神生活的统一》《一种新的人生观》《为精神生活而战斗》等。获1908年诺贝尔文学奖。

无一不与社会现实生活背道而驰。倘不改弦而更张之，则国力将莫由昭苏，社会永无宁日。祀天神而拯水旱，诵孝经以退黄巾，人非童昏，知其妄也。物之不切于实用者，虽金玉圭璋，不布粟粪土？若事之无利于个人或社会现实生活者，皆虚文也，诳人之事也。诳人之事，虽祖宗之所遗留，圣贤之所垂教，政府之所提倡，社会之所崇尚，皆一文不值也！

（六）科学的而非想象的

科学者何？吾人对于事物之概念，综合客观之现象，诉之主观之理性而不矛盾之谓也。想象者何？既超脱客观之现象，复抛弃主观之理性，凭空构造，有假定而无实证，不可以人间已有之智灵，明其理由，道其法则者也。在昔蒙昧之世，当今浅化之民，有想象而无科学。宗教美文，皆想象时代之产物。近代欧洲之所以优越他族者，科学之兴，其功不在人权说下，若舟车之有两轮焉。今且日新月异，举凡一事之兴，一物之细，罔不诉之科学法则，以定其得失从违；其效将使人间之思想云为，一遵理性，而迷信斩焉，而无知妄作之风息焉。

国人而欲脱蒙昧时代，羞为浅化之民也，则急起直追，当以科学与人权并重。士不知科学，故袭阴阳家符瑞五行之说，惑世诬民；地气风水之谈，乞灵枯骨。农不知科学，故无择种去虫之术。工不知科学，故货弃于地，战斗生事之所需，一一仰给于异国。商不知科学，故惟识罔取近利，未来之胜算，无容心焉。医不知科学，既不解人身之构造，复不事药性之分析，菌毒传染，更无闻焉；惟知附会五行生克寒热阴阳之说，袭古方以投药饵，其术殆与矢人同科；其想象之最神奇者，莫如“气”之一说；其说且通于力士羽流之术；试遍索宇宙间，诚不知此“气”之果为何物也！

凡此无常识之思，惟无理由之信仰，欲根治之，厥维科学。夫以科学说明真理，事事求诸证实，较之想象武断之所为，其步度诚缓；然其步步皆踏实地，不若幻想突飞者之终无寸进也。宇宙间之事理无穷，科学领土内之膏腴待辟者，正自广阔。青年勉乎哉！

署名：陈独秀

《青年杂志》第一卷第一号

1915 年 9 月 15 日

鉴往知来
系列图书

一九一六年

任重道远之青年诸君乎！诸君所生之时代，为何等时代乎？乃二十世纪之第十六年之初也。世界之变动即进化，月异而岁不同。人类光明之历史，愈演愈疾。十八世纪之文明，十七世纪之人以为狂易也；十九世纪之文明，十八世纪之人以为梦想也。而现代二十世纪之文明，其进境如何，今方萌动不可得而言焉。然生斯世者，必昂头自负为二十世纪之人，创造二十世纪之新文明，不可因袭十九世纪以上之文明为止境。人类文明之进化，新陈代谢，如水之逝，如矢之行，时时相续，时时变易。二十世纪之第十六年之人，又当万事一新，不可因袭二十世纪之第十五年以上之文明为满足。盖人类生活之特色，乃在创造文明耳。假令二十世纪之文明，不加于十九世纪，则吾人二十世纪之生存为无价值，二十世纪之历史为空白；假令千九百十六年之文明，一仍千九百十五年之旧，而无所更张，则吾人千九百十六年之生存为赘疣，千九百十六年之历史为重出。故于千九百十六年入岁之初，敢珍重为吾任重道远之青年诸君告也：

自世界言之，此一九一六年以前以后之历史，将灼然大变也欤？欧洲战争，延及世界，胜负之数，日渐明瞭。德人所失，去青岛及南非洲、太平洋殖民地外，寸地无损；西拒英、法，远离国境；东入俄边，夺地千里；出巴尔干，灭塞尔维亚。德、土二京，轨轴相接。德虽悉锐南征，而俄之于东，英、法之于西，仅保残喘，莫越雷池。回部之众，倾心于德。印度、波斯、阿拉伯、埃及、摩洛哥，皆突厥旧邦，假以利器，必为前驱。则一九一六年以前英人所据欧、亚往还之要道，若苏彝士，若亚丁，若锡兰，将否折而入于德人之手；英、法、俄所据亚洲之殖民地，是否能保一九一六年以前之状态；一九一六年之世界地图，是否与一九一五年者同一颜色：征诸新旧民族相代之先例，其略可得而知矣。英国政党政治之缺点，日益暴露，强迫兵役，势在必行。列国鉴于德意志强盛之大原，举全力以为工业化学是务。审此，一九一六年欧洲之形势，军事、政治、学术、思想，新受此次战争之洗礼，必有剧变，大异于前。一九一六年，固欧洲人所珍重视之者也。

自吾国言之，吾国人对此一九一六年，尤应有特别之感情，绝伦之希望。盖吾人自有史以讫一九一五年，于政治，于社会，于道德，于学术，所造之罪孽，所蒙之羞辱，虽倾江、汉不可浣也。当此除旧布新之际，理应从头忏悔，改过自新。一九一五年与一九一六年间，在历史上画一鸿沟之界：自开辟以讫一九一五年，皆以古代史目之，从前种种事，至一九一六年死；以后种种事，自一九一六年生。吾人首当一新其心血，以新人格；以新国家；以新社会；以新家庭；以新民族；必迨民族更新，吾人之愿始偿，吾人始有与晰族周旋之价值，吾人始有食息此大地一隅之资格。青年必怀此希望，始克称其为青年而非老年；青年而欲达此希望，必扑杀诸老年而自重其青年；且必自杀其一九一五年之青年而自重其一九一六年之青年。

一九一六年之青年，其思想动作，果何所适从乎？

第一，自居征服（To Conquer）地位，勿自居被征服（Be Conquered）地位。全体人类中，男子，征服者也；女子，被征服者也。白人，征服者也；非白人，皆被征服者也。极东民族中，蒙、满、日本为征服民族，汉人种为被征服民族。汉人种中，尤以扬子江流域为被征服民族中之被征服民族所生聚。姑苏、江左之良民，其代表也。征服者何？其人好勇斗狠，不为势屈之谓也。被征服者何？其人怯懦苟安，惟强力是从；但求目前生命财产之安全，虽仇敌盗窃，异族阉宦，亦忍辱而服事之，颂扬之，所谓顺民是也。吾人平心思之，倘无此种之劣根性，则予获妄言之咎矣；如其不免焉，自负为一九一六年之男女青年，势将以铁血一洗此浃髓沦肌[1]之奇耻大辱！

第二，尊重个人独立自主之人格，勿为他人之附属品。以一物附属一物，或以一物附属一人而为其所有，其物为无意识者也。若有意识之人间，各有其意识，斯各有其独立自主之权。若以一人而附属一人，即丧其自由自尊之人格，立沦于被征服之女子奴隶捕虏家畜之地位。此白皙人种所以兢兢于独立自主之人格，平等自由之人权也。集人成国，个人之人格高，斯国家之人格亦高；个人之权巩固，斯国家之权亦巩固。而吾国自古相传之道德政治，胥反乎是。儒者三纲之说，为一切道德政治之大原：君为臣纲，则民于君为

① 浃髓沦肌：浸透肌肉，深入骨髓。

附属品，而无独立自主之人格矣；父为子纲，则子于父为附属品，而无独立自主之人格矣；夫为妻纲，则妻于夫为附属品，而无独立自主之人格矣。率天下之男女，为臣，为子，为妻，而不见有一独立自主之人者，三纲之说为之也。缘此而生金科玉律之道德名词——曰忠，曰孝，曰节——皆非推己及人之主人道德，而为以己属人之奴隶道德也。人间百行，皆以自我为中心，此而丧失，他何足言？奴隶道德者，即丧失此中心，一切操行，悉非义由己起，附属他人以为功过者也。自负为一九一六年之男女青年，其各奋斗以脱离此附属品之地位，以恢复独立自主之人格！

第三，从事国民运动，勿囿于党派运动。人生而私，不能无党；政治运用，党尤尚焉。兹之非难党见者，盖有二义：

其一，政党政治，将随一九一五年为过去之长物，且不适用于今日之中国也。纯全政党政治，惟一见于英伦，今且不保。英之能行此制者，其国民几皆政党也：富且贵者多属保守党，贫困者非自由党即劳动党。政党殆即国民之化身，故政治运行，鲜有隔阂。且其民性深沉，不为己甚，合各党于“巴力门”，国之大政，悉决以三 C。所谓三 C 者：第一曰 Contest，党争是也；第二曰 Conference，协商是也；第三曰 Compromise，和解是也。他国鲜克臻此，吾人尤所难能。政党之岁月尚浅，范围过狭，目为国民中特殊一阶级，而政党自身，亦以为一种之营业。利权分配，或可相容；专利自恣，相攻无已。故曰，政党政治，不适用于今日之中国也。

其二，吾国年来政象，惟有党派运动，而

无国民运动也。法兰西之革命，法兰西国民之恶王政与教权也；美利坚之独立，十三州人民之恶苛税也；日本之维新，日本国民之恶德川专政也。是乃法、美、日本国民之运动，非一党一派人之所主张所成就。凡一党一派人之所主张，而不出于多数国民之运动，其事每不易成就，即成就矣，而亦无与于国民根本之进步。吾国之维新也，复古也，共和也，帝政也，皆政府党与在野党之所主张抗斗，而国民若观对岸之火，熟视而无所容心；其结果也，不过党派之胜负，于国民根本之进步，必无与焉。

自负为一九一六年之男女青年，其各自勉为强有力之国民，使吾国党派运动进而为国民运动。自一九一六年始，世界政象，少数优秀政党政治，进而为多数优秀国民政治，亦将自一九一六年始。

此予敢为吾青年诸君预言者也。

署名：陈独秀

《青年杂志》第一卷第五号

1916 年 1 月 15 日

新青年

鉴往知来系列图书

青年何为而云新青年乎？以别夫旧青年也。同一青年也，而新旧之别安在？自年龄言之，新旧青年固无以异；然生理上，心理上，新青年与旧青年，固有绝对之鸿沟，是不可不指陈其大别，以促吾青年之警觉。慎勿以年龄在青年时代，遂妄自以为取得青年之资格也。

自生理言之，白面书生，为吾国青年称美之名词。民族衰微，即坐此病。美其貌，弱其质，全国青年，悉秉蒲柳之资，绝无恒武之态。艰难辛苦，力不能堪。青年堕落，壮无能为。此非吾国今日之现象乎？且青年体弱，又不识卫生，疾病死亡之率，日以加增。浅化之民，势所必至。倘有精确之统计，示以年表，其必惊心怵目也无疑。

世界各国青年死亡之病因，德国以结核性为最多；然据一九一二年之统计，较三十年前减少半数。英国以呼吸器病为最多；据今统计，较之十余年前，减少四分之一。日本青年之死亡，以脑神经系之疾为最多；而最近调查，较十年前，减少六分之一。德之立教，体育殊重，民力大张，数十年来，青年死亡率之锐减，列国无与比伦。英、美、日本之青年，亦皆以强武有力相高：竞舟角力之会，野球远足之游，几无虚日，其重视也，不在读书授业之下。故其青年之壮健活泼，国民之进取有为，良有以也。

而我之青年则何如乎？甚者纵欲自戕以促其天年，否亦不过斯斯文文一白面书生耳！年龄虽在青年时代，而身体之强度，已达头童齿豁之期。盈千累万之青年中，求得一面红体壮，若欧美青年之威武陵人者，竟若凤毛麟角。人字吾为东方病夫国，而吾人之少年青年，几无一不在病夫之列，如此民族，将何以图存？吾可爱可敬之青年诸君乎！倘自认为二十世纪之新青年，首应于生理上完成真青年之资格，慎勿以年龄上之伪青年自满也！

更进而一论心理上之新青年何以别夫旧青年乎？充满吾人之神经，填塞吾人之骨髓，虽尸解魂消，焚其骨，扬其灰，用显微镜点点验之，皆各有“做官发财”四大字。做官以张其威，发财以逞其欲。一若做官发财为人生唯一之目的。

人间种种善行，凡不利此目的者，一切牺牲之而无所顾惜；人间种种罪恶，凡有利此目的者，一切奉行之而无所忌惮。此等卑劣思维，乃远祖以来历世遗传之缺点（孔门即有干禄之学）与夫社会之恶习，相演而日深。无论若何读书明理之青年，发愤维新之志士，一旦与世周旋，做官发财思想之触发，无不与日俱深。浊流滔滔，虽有健者，莫之能御。人之侮我者，不曰“支那贱种”，即曰“卑劣无耻”。将忍此而终古乎？誓将一雪此耻乎？此责任不得不加诸未尝堕落宅心清白我青年诸君之双肩。彼老者壮者及比诸老者壮者腐败堕落之青年，均无论矣。吾可敬可爱之青年诸君乎！倘自认为二十世纪之新青年，头脑中必斩尽涤绝彼老者壮者及比诸老者壮者腐败堕落诸青年之做官发财思想，精神上别构真实新鲜之信仰，始得谓为新青年而非旧青年，始得谓为真青年而非伪青年。

青年之精神界欲求此除旧布新之大革命，第一当明人生归宿问题。人生数十寒暑耳，乐天者荡，厌世者偷，惟知于此可贵之数十寒暑中，量力以求成相当之人物为归宿者得之。准此以行，则不得不内图个性之发展，外图贡献于其群。岁不我与，时不再来；计功之期，屈指可俟。一切未来之责任，毕生之光荣，又皆于此数十寒暑中之青年时代十数寒暑间植其大本，前瞻古人，后念来者，此身将为何如人，自不应仅以做官求荣为归宿也。

第二当明人生幸福问题。人之生也，求幸福而避痛苦，乃当然之天则。英人边沁氏，幸福论者之泰斗也。举人生乐事凡十余，而财富之乐居其一；举人生之痛苦亦十余事，而处分财富之难，即列诸拙劣痛苦之内。审是，金钱虽有万能之现象，而幸福与财富，绝不可视为一物也明矣。幸福之为物，既必准快乐与痛苦以为度，又必兼个人与社会以为量。以个人发财主义为幸福主义者，是不知幸福之为何物也。

吾青年之于人生幸福问题，应有五种观念：一曰毕生幸福，悉于青年时代造其因；二曰幸福内容，以强健之身体正当之职业称实之名誉为最要，而发财不与焉；三曰不以个人幸福损害国家社会；四曰自身幸福，应以自力造之，不可依赖他人；五曰不以现在暂时之幸福，易将来永久之痛苦。信能识此五者，则幸福之追求，未尝非青年正当之信仰。若夫沉迷于社会家庭之恶习，以发财与幸福并为一谈，则异日立身处世，奢以贼己，贪以贼人，其为害于个人及社会国家者，宁有纪极！

夫发财本非恶事，个人及社会之生存与发展，且以生产殖业为重要之条件；惟中国式之发财方法，不出于生产殖业，而出于苟得妄取，甚至以做官为发财之捷径，猎官摸金，铸为国民之常识，为害国家，莫此为甚。发财固非恶事，即做官亦非恶事，幸福更非恶事；惟吾人合做官发财享幸福三者以一贯之精神，遂至大盗遍于国中。人间种种至可恐怖之罪恶多由此造成。国将由此灭，种将由此削。吾可敬可爱之青年！倘留此龌龊思想些微于头脑，则新青年之资格丧失无余；因其精神上之龌龊下流，与彼腐败堕落之旧青年无以异也。

予于国中之老者壮者，与夫比诸老者壮者

之青年，无论属何社会，隶何党派，于生理上，心理上，十九怀抱悲观，即自身亦在诅咒之列。幸有一线光明者，时时微闻无数健全洁白之新青年，自绝望销沉中唤予以兴起，用敢作此最后之哀鸣！

署名：陈独秀

《新青年》第二卷第一号

1916 年 9 月 1 日

人生真义

鉴往知来
系列图书

人生在世，究竟为的甚么？究竟应该怎样？这两句话实在难得回答的很。我们若是不能回答这两句话，糊糊涂涂过了一生，岂不是太无意识吗？自古以来，说明这个道理的人也算不少，大概约有数种：第一是宗教家。像那佛教家说：世界本来是个幻象，人生本来无生；“真如”本性为“无明”所迷，才现出一切生灭幻象；一旦“无明”灭，一切生灭幻象都没有了，还有甚么世界，还有甚么人生呢？又像那耶稣教说：人类本是上帝用土造成的，死后仍旧变为泥土；那生在世上信从上帝的，灵魂升天；不信上帝的，便魂归地狱，永无超生的希望。第二是哲学家。像那孔、孟一流人物，专以正心、修身、齐家、治国、平天下，做一大道德家大政治家，为人生最大的目的。又像那老、庄的意见，以为万事万物都应当顺应自然；人生知足，便可常乐，万万不可强求。又像那墨翟主张牺牲自己，利益他人为人生义务。又像那杨朱主张尊重自己的意志，不必对他人讲甚么道德。又像那德国人尼采也是主张尊重个人的意志，发挥个人的天才，成功一个大艺术家、大事业家，叫做寻常人以上的“超人”，才算是人生目的；甚么仁义道德，都是骗人的说话。第三是科学家。科学家说人类也是自然界一种物质，没有甚么灵魂；生存的时候，一切苦乐善恶，都为物质界自然法则所支配；死后物质分散，另变一种作用，没有联续的记忆和知觉。

这些人所说的道理，各个不同。人生在世，究竟为的甚么，应该怎样呢？我想佛教家所说的话，未免太迂阔。个人的生灭，虽然是幻象，世界人生之全体，能说不是真实存在吗？人生“真如”性中，何以忽然有“无明”呢？既然有了“无明”，众生的“无明”，何以忽然都能灭尽呢？“无明”既然不灭，一切生灭现象，何以能免呢？一切生灭现象既不能免，吾人人生在世，便要想想究竟为的甚么，应该怎样才是。耶教所说，更是凭空捏造，不能证实的了。上帝能造人类，上帝是何物所造呢？上帝有无，既不能证实；那耶教的人生观，便完全不足相信了。孔、孟所说的正心、修身、齐家、治国、平天下，只算是人生一种行为和事业，不能包括人生全体的真义。吾人若是专门牺牲自己，利益他人，乃是为他人而生，不是为自己而生，决非个人生存的根本理由；墨子的思想，也未免太偏了。杨朱和尼采的主张，虽然说破了人生的真相；但照此极端做去，这组织复杂的文明社会，又如何行得过去呢？人生一世，安命知足，事事听其自然，不去强求，自然是快活的很。但是这种快活的幸福，高等动物反不如下等动物，文明社会反不如野蛮社会；我们中国人受了老庄的教训，所以退化到这等地步。科学家说人死没有灵魂，生时一切苦乐善恶，都为物质界自然法则所支配，这几句话到〔倒〕难以驳他。但是我们个人虽是必死的，全民族是不容易死的，全人类更是不容易死的了。全民族全人类所创的文明事业，留在世界上，写在历史上，传到后代，这不是我们死后联续的记忆和知觉吗？

照这样看起来，我们现在时代的人所见人生真义，可以明白了；今略举如下：

一、人生在世，个人是生灭无常的，社会是真实存在的。

二、社会的文明幸福，是个人造成的，也是个人应该享受的。

三、社会是个人集成的，除去个人，便没有社会；所以个人的意志和快乐，是应该尊重的。

四、社会是个人的总寿命，社会解散，个人死后便没有联续的记忆和知觉；所以社会的组织和秩序，是应该尊重的。

五、执行意志，满足欲望，自食色以至道德的名誉，都是欲望。是个人生存的根本理由，始终不变的。此处可以说“天不变，道亦不变”。

六、一切宗教、法律、道德、政治，不过

是维持社会不得已的方法，非个人所以乐生的原意，可以随着时势变更的。

七、人生幸福，是人生自身出力造成的，非是上帝所赐，也不是听其自然所能成就的。若是上帝所赐，何以厚于今人而薄于古人？若是听其自然所能成就，何以世界各民族的幸福不能够一样呢？

八、个人之在社会，好像细胞之在人身；生灭无常，新陈代谢，本是理所当然，丝毫不足恐怖。

九、要享幸福，莫怕痛苦。现在个人的痛苦，有时可以造成未来个人的幸福。譬如有主义的战争所流的血，往往洗去人类或民族的污点。极大的瘟疫，往往促成科学的发达。

总而言之：人生在世，究竟为的甚么？究

竟应该怎样？我敢说道：个人生存的时候，当努力造成幸福，享受幸福；并且留在社会上，后来的个人也能够享受。递相授受，以至无穷。

署名：陈独秀

《新青年》第四卷第二号

1918 年 2 月 15 日

《新青年》罪案之答辩书

本志经过三年，发行已满三十册；所说的都是极平常的话，社会上却大惊小怪，八面非难，那旧人物是不用说了，就是咶咶叫的青年学生，也把《新青年》看作一种邪说，怪物，离经叛道的异端，非圣无法的叛逆。本志同人，实在是惭愧得很；对于吾国革新的希望，不禁抱了无限悲观。

社会上非难本志的人，约分二种：一是爱护本志的，一是反对本志的。第一种人对于本志的主张，原有几分赞成；惟看见本志上偶然指斥那世界公认的废物，便不必细说理由，措词又未装出绅士的腔调，恐怕本志因此在社会上减了信用。像这种反对，本志同人，是应该感谢他们的好意。

这第二种人对于本志的主张，是根本上立在反对的地位了。他们所非难本志的，无非是破坏孔教、破坏礼法、破坏国粹、破坏贞节、破坏旧伦理（忠孝节）、破坏旧艺术（中国戏）、破坏旧宗教（鬼神）、破坏旧文学、破坏旧政治（特权人治）这几条罪案。

这几条罪案，本社同人当然直认不讳。但是追本溯源，本志同人本来无罪，只因为拥护那德莫克拉西（Democracy）和赛因斯（Science）两位先生，才犯了这几条滔天的大罪。要拥护那德先生，便不得不反对孔教，礼法，贞节，旧伦理，旧政治；要拥护那赛先生，便不得不反对旧艺术，旧宗教；要拥护德先生又要拥护赛先生，便不得不反对国粹和旧文学。大家平心细想，本志除了拥护德、赛两先生之外，还有别项罪案没有呢？若是没有，请你们不用专门非难本志，要有气力有胆量来反对德、赛两先生，才算是好汉，才算是根本的办法。

社会上最反对的，是钱玄同先生废汉文的主张。钱先生是中国文字音韵学的专家，岂不知道语言文字自然进化的道理？（我以为只有这一个理由可以反对钱先生。）他只因为自古以来汉文的书籍，几乎每本每页每行，都带着反对德、赛两先生的臭味；又碰着许多老少汉学大家，开口一个国粹，闭口一个古说，不啻声明汉学是德、赛两先生天造地设的对头；他愤极了才发出这种激切的议论，像钱先生这种“用石条压驼背”的医法，本志同人多半是不大赞成的。但是社会上有一班人，因此怒骂他，讥笑他，却不肯发表意思和他辩驳，这又是什么道理呢？难道你们能断定汉文是永远没有废去的日子吗？

西洋人因为拥护德、赛两先生，闹了多少事，流了多少血，德、赛两先生才渐渐从黑暗中把他们救出，引到光明世界。我们现在认定只有这两位先生，可以救治中国政治上道德上学术上思想上一切的黑暗。若因为拥护这两位先生，一切政府的压迫，社会的攻击笑骂，就是断头流血，都不推辞。

此时正是我们中国用德先生的意思废了君主第八年的开始，所以我要写出本志得罪社会的原由，布告天下。

署名：陈独秀

《新青年》第六卷第一号

1919 年 1 月 15 日

马克思的两大精神

鉴往知来
系列图书

今天有两个大会，一个是马克思纪念大会，一个是中国社会主义青年团成立大会，这两个大会有很密切的关系。其关系在哪里呢？因为社会主义青年团就是根据马克思的学说而成立。但是今天只讲马克思主义重要的精神，因为马克思的历史和其学理，在马克思纪念册上叙述了，诸君都可见到。马克思的学说和行为有两大精神，刚好这两大精神都是中国人所最缺乏的。

第一，实际研究的精神。怎样叫实际研究的精神！说来很为繁杂。古代人的思想，大都偏于演绎法。怎么叫演绎法？就是以一个原理应用许多事实，到了近代科学发明，多采用归纳法。怎么叫归纳法？就是拿许多事实归纳起来证明一个原理。这便是归纳法与演绎法相反之文。我们自然对于这两种方法，应该互为应用。但是科学发明之后，用归纳法之处为多，因为一个原理成立，必须搜集许多事实之证明，才能成立一个较确实的原理。欧洲近代以自然科学证实归纳法，马克思就以自然科学的归纳法应用于社会科学。马克思搜集了许多社会上的事实，一一证明其原理和学说。所以现代的人都称马克思的学说为科学的社会学，因为他应用自然科学归纳法研究社会科学。马克思所说的经济学或社会学，都是以这种科学归纳法作根据，所以都可相信的，都有根据的。现代人说马克思为科学的社会主义，和空想的社会主义不同，便是在此。这便是马克思实际研究的精神。

我很希望青年诸君须以马克思的实际研究精神来研究学问，不要单单以马克思的学说研究而已。如其单单研究其学说，那么马克思实际研究的精神完全失却，不过一个马克思主义的学者了。我很希望青年诸君能以马克思实际研究的精神研究社会上各种情形，最重要的是现社会的政治及经济状况，不要单单研究马克思的学理，这是马克思的精神，这就是马克思第一种实际研究的精神。

第二，马克思实际活动的精神。马克思所以与别个社会主义者不同，因为他是个革命的社会主义者。凡能实际活动者才可革命，不是在屋中饮茶吸烟，研究其学理，便可了事，这是研究孔子、康德的学问一样罢了。我们研究他的学说，不能仅仅研究其学说，还须将其学说实际去活动，干社会的革命。我望青年同志们，宁可以少研究点马克思的学说，不可不多干马克思革命的运动！青年们尤其是社会主义青年团诸君，须发挥马克思实际活动的精神，把马克思学说当做社会革命的原动力，不要把马克思学说当做老先生、大少爷、太太、小姐的消遣品。

我今天特讲马克思这两大精神，请诸君注意。

署名：陈独秀

《广东群报》

1922 年 5 月 23 日

鉴往知来
系列图书

青年们应该怎样做！

死的中国社会，自戊戌变法以来，除了少数知识阶级的青年外，都是一班只知道吃饭穿衣生儿子的行尸走肉。现在这班行尸走肉，比较戊戌变法、辛亥革命、五四运动时，更要沉睡过去，在社会上奔走呼号的，不过是少数青年学生，这班青年学生愈为一班行尸走肉所厌恶，他们的责任愈加重大呵！

行尸走肉的老废物不用说了，现代的青年们，一部分教会学生被教会教育汩没了性灵与爱国心，简直没有希望了，一般官僚的子弟，把学校和科举同样看待，也算是一些活的死人；又有一班将要醒觉的青年，却被老庄哲学或什么东方文化引到睡眠状态去了；更可怜的是一种半醒觉的男女青年，妄以个人的零碎奋斗可以解决他生活和恋爱问题之困难，此路不通，便由烦闷而自杀或堕落的亦往往有之。真正醒觉挺身出来努力于社会全般改造的只有少数青年。

偌大的中国，只有少数青年学生是醒觉的，这是何等危险！

知识阶级的学生自然是小资产阶级之产物，他的特性：一方面因为没有经济的基础，不能构成一个独立的阶级，他对于任何阶级的政治观念，都非坚固不能摇动；一方面正因为他的阶级性不坚固，往往有超越阶级的理想，比任何阶级都易于倾向革命。

德国、俄国的青年在革命运动中，都做了不少工作；中国社会更有特殊状况，幼稚的各社会阶级，都还在睡眠中，只有学生们奔走呼号，成了社会改造的惟一动力，他责任的轻重，与欧、美、日本的学生迥然不同。

中国青年学生应该怎样做，第一要明白他责任重大，而不可自弃，这是因为国民中只有学生比较是醒觉的；第二要明白他力量微弱，而不可自恃，这是因为他不及商人、工人、农民有阶级的战斗力。

青年学生们的职任是：第一努力唤醒有战斗力的各阶级；第二努力做有力的各阶级间之连锁，以结成国民的联合战线。这两点是产业幼稚文化落后的中国学生的特别责任和欧美的学生界不同的地方。

署名：实庵

《中国青年》第一期

1923年10月20日